Ingrid Uebe

Der wütende Zauberer

Mit Bildern von Sabine Scholbeck

Hase und Igel®

Für Lehrkräfte gibt es zu diesem Buch
ausführliches Begleitmaterial beim Hase und Igel Verlag.

Sonderausgabe mit Silbenhilfe

© 2012 / 2016 Hase und Igel Verlag GmbH, Frei-Otto-Straße 18,
80797 München, service@hase-und-igel.de
www.hase-und-igel.de
Lektorat: Karin Bawidamann, Birgit Fürst
Druck: Grafisches Centrum Cuno GmbH & Co. KG, Gewerbering West 27,
39240 Calbe (Saale), info@cunodruck.de

ISBN 978-3-86760-210-5
7. Auflage 2025

Inhalt

1. Pepe und Pepito

Mitten im Wald,
wo alle Wege zu Ende sind,
steht ein gemütliches Haus
mit einem spitzen Dach
und grünen Fensterläden.

Dort wohnen zwei Zauberer:
der große Zauberer Pepe
und der kleine Zauberer Pepito.
Pepe ist nicht nur Pepitos Onkel,
sondern auch sein Lehrer.

Er unterrichtet den Jungen
Tag für Tag im Umgang mit
Zauberbuch und Zauberstab,
Zauberpulver und Zauberring,
Zaubermantel und Zauberhut.

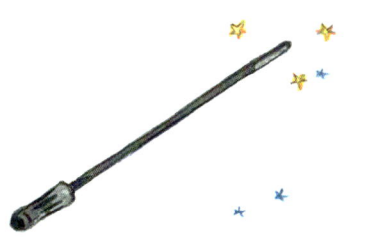

Pepito ist ein eifriger Schüler.
Er will unbedingt auch
ein großer Zauberer werden,
genauso berühmt und beliebt
wie sein Onkel Pepe.

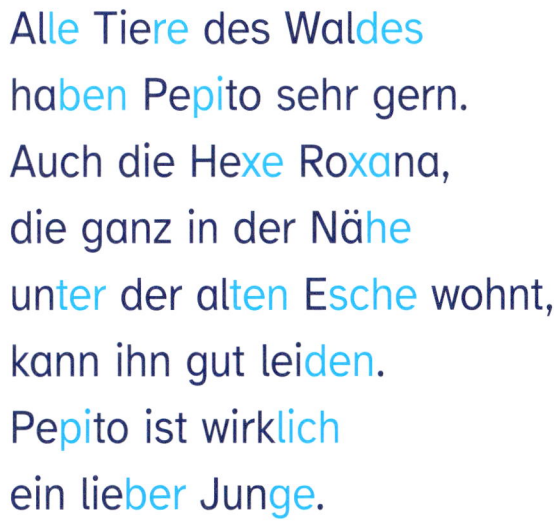

Alle Tiere des Waldes
haben Pepito sehr gern.
Auch die Hexe Roxana,
die ganz in der Nähe
unter der alten Esche wohnt,
kann ihn gut leiden.
Pepito ist wirklich
ein lieber Junge.

Er hat nur einen einzigen Fehler:
Ab und zu wird er so wütend,
dass man ihn
kaum noch wiedererkennt.
Wenn etwas schiefgeht
oder nicht so läuft,
wie er es will,
brüllt er aus voller Kehle.
Manchmal haut er
sogar auf den Tisch
oder stampft mit den Füßen,
wirft Geschirr an die Wand
oder sich selbst auf den Boden.

Die Hexe Roxana macht in ihrem Haus
Türen und Fenster zu.

Die Tiere des Waldes
verstecken sich
in ihren Höhlen und Nestern.
Alle finden Pepitos Wutanfälle
ganz schrecklich.
Doch nicht einmal
der große Zauberer Pepe
kennt ein Mittel dagegen.

Und Pepito selbst?
Der verhält sich
nach so einem Anfall,
als sei nichts gewesen.
Vielleicht schämt er sich
manchmal ein bisschen.
Doch meistens denkt er:
Wut tut mir gut!

2. Verunglücktes Abendbrot

Heute ist Pepito
kein bisschen wütend.
Er sitzt in der Küche
beim Abendbrot.
Es gibt sein Lieblingsgericht:
Pfannkuchen mit Himbeeren.

Onkel Pepe hat
eine große Schüssel Teig angerührt
und ein Eimerchen Himbeeren
danebengestellt.
Er backt immer abwechselnd
einen Pfannkuchen für Pepito
und einen für sich selbst.

Nach dem Backen
bestreut er jeden Pfannkuchen
dick mit Zucker.
Er ist sehr beschäftigt
und kommt kaum zum Essen.

Pepito sagt:
„Eigentlich könntest du uns
doch Pfannkuchen zaubern."

Aber der große Zauberer Pepe
schüttelt den Kopf:
„Selbst gebacken
und frisch aus der Pfanne
schmecken sie am besten!"

Schon steht er wieder am Herd.
Es sieht lustig aus,
was er da macht.
Wenn der Pfannkuchen
auf einer Seite schön braun ist,
hebt Onkel Pepe die Pfanne
und wirft ihn so in die Luft,

dass er sich umdreht
und in die Pfanne zurückfällt.

Pepito ist ganz begeistert.
Er ruft: „Darf ich auch mal?"

„Na sicher", sagt Onkel Pepe.

Jetzt steht Pepito am Herd.
Schon ist der Pfannkuchen
auf einer Seite schön braun.
Also hebt Pepito die Pfanne
und wirft ihn so in die Luft,
dass er sich umdreht.
Doch leider fällt der Pfannkuchen
nicht in die Pfanne zurück,
sondern Pepito auf den Kopf.

Onkel Pepe lacht.
Er kann nicht anders.

Pepito brüllt.
Er platzt fast vor Wut.
„Du bist gemein, Onkel Pepe!
Warum lachst du mich aus?
Der Herd ist zu heiß!
Der Teig ist zu dünn!
Die Pfanne taugt auch nichts!"

„Aber Junge", sagt Onkel Pepe,
„ich lache ja bloß
über den Pfannkuchen,
der nicht in die Pfanne
zurückwollte."

Pepito brüllt weiter:
„Pfannkuchen backen ist blöd!
Ich mache das nie, nie wieder!"

Er wirft die Pfanne an die Wand
und rennt aus der Küche.
Mit beiden Händen knallt er
die Tür hinter sich zu.

Onkel Pepe schüttelt
seufzend den Kopf.

19

3. Der zerbrochene Zauberstab

Am nächsten Morgen hat Pepito
die Sache mit den Pfannkuchen
anscheinend vergessen.
Er ist jetzt wieder ein eifriger Schüler.
Zwei lange Zaubersprüche
sagt er fehlerlos auf.
Aus seinem kleinen Hut
zaubert er eine stattliche Gans.
Eine gelbe Tulpe verwandelt er
in eine rote Rose.

Der große Zauberer Pepe
ist sehr zufrieden mit ihm
und schenkt ihm zur Belohnung
einen neuen Zauberstab.

Der ist dünn und leicht
und schimmert
in allen Farben des Regenbogens.

Pepito strahlt vor Freude und Stolz.
Er ruft: „Zeigst du mir sofort,
wie man damit umgeht?"

Aber da klopft es an der Tür.
Onkel Pepe macht auf.
Draußen steht die Hexe Roxana
mit einem Mädchen.

Es ist blond und hübsch
und ungefähr so groß wie Pepito.

„Das ist meine Nichte Mimi",
erklärt die Hexe Roxana.
„Sie ist ein paar Tage
bei mir zu Besuch
und möchte mit Pepito spielen."

„Kommt schnell rein!",
sagt der große Zauberer Pepe.
„Pepito freut sich bestimmt."

Und wie Pepito sich freut!
Er schenkt Mimi die rote Rose
und zeigt ihr
seinen neuen Zauberstab.

Mimi steckt die Rose
lächelnd in ihren Gürtel.
Sie nimmt den Zauberstab
und dreht ihn neugierig
zwischen den Fingern.

Da schnattert plötzlich
die Gans.
Mimi zuckt heftig
zusammen.

Der Zauberstab
rutscht ihr aus der Hand
und fällt auf den Boden.
Er zerbricht in zwei Teile.

Pepito brüllt:

„Du hast meinen neuen Zauberstab
kaputt gemacht!
Das hast du mit Absicht getan!"

Mimi wird blass.
Sie sieht auf einmal
sehr klein aus.
Leise sagt sie:
„Das war keine Absicht!
Ich bin nur erschrocken,
weil die Gans geschnattert hat.
Es tut mir sehr leid."

Pepito ballt beide Fäuste.
„Jedenfalls ist es deine Schuld!
Ganz allein deine Schuld!"

Mimi weint.

Roxana hebt
den zerbrochenen Zauberstab auf
und sagt:
„Beruhige dich, Pepito!
Ich werde die Sache
in Ordnung bringen.
Du kannst deinen Zauberstab
morgen früh bei mir abholen."
Sie nimmt Mimi an die Hand
und geht schnell mit ihr hinaus.

4. „Wut tut mir gut!"

Am nächsten Tag macht sich Pepito
auf den Weg zu Roxanas Haus,
um seinen Zauberstab abzuholen.
Die Hexe hat nicht
zu viel versprochen.
Der Zauberstab
sieht wieder aus wie neu.
Pepito betrachtet ihn glücklich
von allen Seiten und fragt:
„Wie hast du das nur gemacht?"

Roxana antwortet:
„Ich habe die Stücke über Nacht
in einen besonderen Saft gelegt.
Jetzt ist das Ding besser als vorher."

Pepito strahlt und sagt:
„Du bist eine tolle Hexe!
Soll ich dir zum Dank
einen Blumenstrauß zaubern?"

Roxana schüttelt den Kopf.
„Gewöhn dir lieber
deine Wutanfälle ab!
Darüber würde ich mich
viel mehr freuen."

Pepito steckt den Zauberstab
in die Hosentasche.
Dann fragt er Mimi:
„Kommst du mit in den Wald?
Du wolltest doch gestern schon
mit mir spielen."

„Heute will ich nicht mehr",
antwortet Mimi.
„Dein Gebrüll hat mir nämlich
überhaupt nicht gefallen."

„Ach so", erwidert Pepito.
Mehr nicht.
Er würde gern mit Mimi spielen.
Jetzt ist er traurig,
dass sie nicht will.

Roxana schiebt Pepito zur Tür.
„Du hast gehört,
was Mimi gesagt hat.
Du gehst jetzt wohl besser!"

Schon steht Pepito draußen.
In seinem Hals ist ein Kloß,
vielleicht aus Traurigkeit,
vielleicht auch aus Wut.

Vor dem Haus sitzt eine Taube
und gurrt ihm entgegen:
„Ich habe gerade gesungen!
Hast du es gehört?
Hat dir mein Lied gefallen?
Soll ich es
noch einmal singen?"

Pepito schluckt.
Er will den Klumpen im Hals
unbedingt loswerden.
Wie, ist ihm egal.

„Nein, dein Lied hat mir
überhaupt nicht gefallen!",
brüllt er.
„Deine Stimme ist scheußlich!
Halt bloß deinen Schnabel!"

Die Taube breitet
die Flügel aus
und fliegt
erschrocken davon.

Pepito dreht sich um.
Die Tür ist noch immer zu.
Er hebt langsam den Fuß
und tritt heftig dagegen.
Wieder und wieder!
Dabei brüllt er:
„Wut tut mir gut!"

34

Hinter der Tür rührt sich nichts.

Nach einer Weile macht sich
Pepito auf den Heimweg.
Halb schämt er sich,
halb ist er erleichtert.

5. Die Beleidigung

Onkel Pepe ist nicht zu Hause.
Aber das macht nichts.
Pepito hat sowieso keine Lust,
mit ihm zu reden.
Er will lieber in den Wald gehen
und dort ganz allein
etwas Schwieriges zaubern.
Bestimmt freut sich
der große Zauberer Pepe
über ein neues Kunststück
seines Schülers.
Pepito holt also schnell
das dicke Zauberbuch
und macht sich damit
auf den Weg.

Am Ende des Waldes
ragt eine hohe Felswand empor.
Pepito klettert hinauf.
Über der steilsten Stelle
hockt er sich hin
und lässt die Beine baumeln.
Unter ihm gähnt der Abgrund.
Er schlägt das Buch auf,
blättert und liest.

Plötzlich fragt eine Stimme:
„Was liest du denn da
für ein dickes Buch?"

Pepito blickt auf.
Neben ihm steht ein Junge.

„Das ist ein Zauberbuch",
sagt Pepito stolz.

Der Junge lacht.
„Willst du etwa zaubern lernen?"

„Das kann ich schon ziemlich gut",
antwortet Pepito.
„Mein Onkel,
der große Zauberer Pepe,
hat es mir beigebracht.
Aber er freut sich immer,
wenn ich aus seinem Zauberbuch
etwas Neues dazulerne."

Der Junge tippt sich an die Stirn.
„So ein Quatsch!

Dein Onkel Pepe
ist bestimmt bloß ein Angeber.
Und dieses Zauberbuch
ist zu nichts zu gebrauchen."

Pepito wird es ganz heiß.
Der Junge ist dumm und gemein.
Das muss man ihm klarmachen!

„Du sollst
mein Zauberbuch
kennenlernen!",
brüllt Pepito.
„Und zwar
ganz aus der Nähe!"
Er nimmt das Buch
und schleudert es
mit aller Kraft dahin,
wo der Junge steht.
Der springt zur Seite
und läuft lachend davon.

Das Zauberbuch aber
segelt hinab in den Abgrund.
Zu Tode erschrocken
blickt Pepito ihm nach.
Der Abgrund ist tief und
der Weg nach unten ist steil.

6. Hilfe von einer Freundin

Ohne das Zauberbuch
kann Pepito seinem Onkel
nicht unter die Augen treten.
Er muss es heraufholen!
Und zwar sofort!
Schon hält er einen Fuß
über den Abgrund.

Da ruft eine Stimme:
„Lass das, Pepito!
Das ist zu gefährlich!"

Erstaunt dreht Pepito sich um.
Hinter ihm steht Mimi.
Sie sieht sehr besorgt aus.

„Ich kann das Zauberbuch
nicht da unten liegen lassen",
erklärt Pepito.
„Ich muss es heraufholen.
Sonst gibt es Ärger
mit Onkel Pepe."

Mimi tritt einen Schritt näher.
„Dafür brauchst du
auf alle Fälle ein Seil!"

45

Sie klatscht in die Hände.
Da eilen von allen Seiten
lauter Spinnen herbei
und weben kräftige Fäden.
Aus denen dreht Mimi
mit flinken Fingern ein Seil,
sehr lang und sehr stark.
Als es fertig ist,
klatscht sie wieder in die Hände.
Die Spinnen huschen davon.

Mimi bindet Pepito das Seil um.
Sie nimmt es
fest in die Hand und sagt:
„Jetzt kann's losgehen!"

Pepito klettert hinunter.

Bald ist er mit dem Zauberbuch
heil und gesund wieder oben.

Mimi sagt:
„Übrigens habe ich vorhin
dein Gespräch
mit dem Jungen gehört.
Was er gesagt hat,
war dumm und gemein.
Du hättest ihm das
einfach sagen sollen."

„Das konnte ich nicht!",
ruft Pepito.
„Es zuckte mir in den Händen.
Ich musste das Buch
nach ihm werfen."

„Und was hat das gebracht?“,
fragt Mimi.
„Der Junge hat sich gefreut,
als das Zauberbuch
in den Abgrund geflogen ist.
Und du warst der Dumme.“

„Aber Wut tut mir gut“,
behauptet Pepito.

„Ach was!“, ruft Mimi.
„Wenn du wütend bist,
freuen sich deine Feinde
und deine Freunde sind traurig.
Gefällt dir das etwa?“

Pepito schüttelt den Kopf.

Mimi nimmt seine Hand
und hält sie fest.
„Wut tut dir also nicht gut.
Begreif das doch endlich!"

Pepito hebt die Schultern.
„Na ja, wenn du meinst."

„Also sprich es mal aus!",
verlangt Mimi.
„Sag: Wut tut mir nicht gut!"

Pepito zögert.
Mimi drückt seine Hand.

Da wiederholt er:
„Wut tut mir nicht gut."

„Na siehst du!", sagt Mimi.
Sie bückt sich
und hebt einen runden Stein auf.
„Der kann dir helfen,
deine Wut zu besiegen."

„Ist das ein Zauberstein?",
fragt Pepito.

Mimi lächelt und sagt:
„Du musst es ausprobieren!
Wenn du merkst,
dass du wütend wirst,
nimmst du den Stein fest in die Hand
und drehst dich langsam
dreimal um dich selbst.
Dazu sagst du dreimal den Spruch."

„Welchen Spruch?",
fragt Pepito erstaunt.

„Wut tut mir nicht gut",
antwortet Mimi.

Jetzt hat Pepito begriffen.
Er lacht.

Dann sagt er:
„Am liebsten
würde ich die Sache
gleich ausprobieren.
Aber leider
bin ich gerade
kein bisschen wütend."

„Na ja", meint Mimi,
„das kann sich
schnell ändern!"

Da hat sie wohl recht.
Pepito schiebt den Stein
schnell in seine
Hosentasche.
Für alle Fälle!

7. Pepitos großer Auftritt

Mimi begleitet Pepito nach Hause.
Onkel Pepe steht lächelnd in der Tür.
Er sieht,
dass die beiden nun Freunde sind.
Er freut sich,
dass der Zauberstab wieder heil ist
und Pepito das Zauberbuch
unterm Arm hat.
Er sagt:
„Ich glaube, der große Zauberer Pepe
und der kleine Zauberer Pepito
sollten auf der Waldwiese
mal eine Vorstellung geben."

Pepito strahlt.

Auch Mimi freut sich und ruft:
„Das wird ein richtiges Fest!
Alle Bewohner des Waldes
sollen dabei sein!"

Eine Woche proben
die beiden Zauberer
für ihre Vorstellung.
Dann klappt alles sehr gut.

Als der große Tag da ist,
steht auf der Waldwiese
eine kleine Bühne.
Davor sitzt das Publikum
dicht an dicht nebeneinander.
Alle sind sehr gespannt.
Alle staunen.
Alle klatschen Applaus.

Der große Zauberer Pepe
und der kleine Zauberer Pepito
zeigen die tollsten Kunststücke.

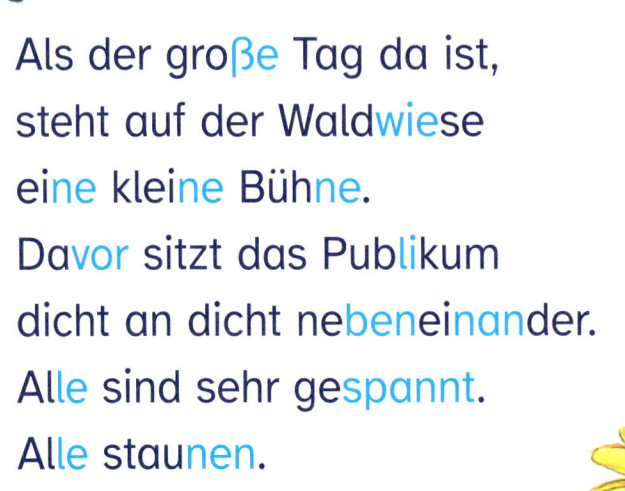

Sie lassen Sachen verschwinden
und wieder auftauchen.
Sie verwandeln tiefschwarze Raben
in schneeweiße Tauben.
Sie machen
aus winzigen Gänseblümchen
riesige Sonnenblumen.

Am Ende der Vorstellung
steht Pepito ganz allein auf der Bühne.
Er verbeugt sich und sagt:
„Ich werde jetzt einen grünen Hasen
aus meinem Hut zaubern."

Er zeigt dem Publikum
den leeren Hut
und berührt ihn dann
mit dem Zauberstab.
Es dauert nicht lange,
da wächst etwas Grünes
über den Rand.
Es wird länger und länger.
O Wunder:
Der grüne Hase zeigt seine Ohren!
Mehr allerdings nicht.

Anscheinend ist er irgendwo
hängen geblieben.
Pepito greift sich ein Ohr und zieht.
Er zieht immer stärker.
Aber der Hase will nicht heraus.
Es wird Pepito ganz heiß.
Hilfe!
Er kennt das Gefühl.
Er weiß, dass es Wut ist.
Er zerrt jetzt an beiden Ohren.
O weh,
gleich reißt er sie ab!

Von irgendwoher ruft
eine helle Stimme:
„Denk an den Stein
und denk an den Spruch!"

Pepito blickt auf.

Vor der Bühne steht Mimi
und winkt ihm zu.

Verdutzt sieht Pepito sie an.
Dann lässt er die Ohren los.
Er fasst in die Hosentasche.
Seine Finger umklammern den Stein.
Pepito beginnt sich zu drehen.
Das Publikum staunt.
„Wut tut mir nicht gut",
murmelt Pepito.
Nur Mimi versteht ihn.

Dreimal dreht sich Pepito.
Dreimal sagt er den Spruch.

Dann bleibt er stehen
und berührt seinen Hut
sacht mit dem Zauberstab.
Das Publikum
hält den Atem an
und rührt sich nicht.

Aus dem Hut aber
wachsen die Ohren.
Danach zeigt sich der Kopf.
Und nun taucht wahrhaftig
der ganze Hase auf,
mit vier Pfoten
und Stummelschwanz.
Grün ist er und groß
und zweifellos sehr lebendig!

Die Zuschauer sind begeistert.
Mimi hüpft wie ein Gummiball.
Die Hexe Roxana pfeift
auf zwei Fingern.
Der große Zauberer Pepe
kommt auf die Bühne
und umarmt seinen Schüler.
Pepito schwenkt seinen Hut.
Die Zuschauer jubeln
und klatschen wie toll.

Applaus! Applaus!
Großer Applaus
für den kleinen Zauberer Pepito!